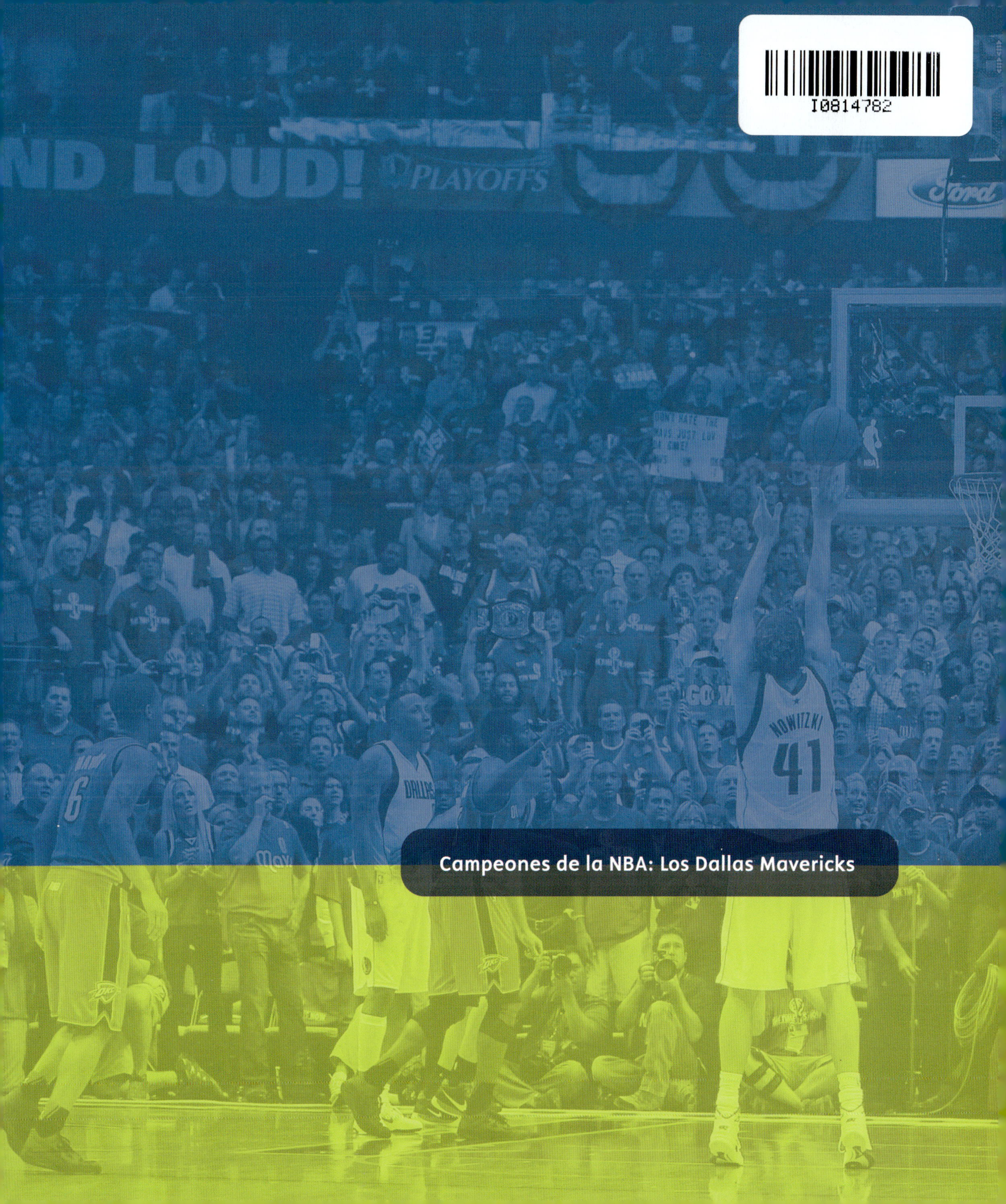

Campeones de la NBA: Los Dallas Mavericks

El base Steve Nash

CAMPEONES DE LA NBA

LOS DALLAS MAVERICKS

JOE TISCHLER

CREATIVE EDUCATION / CREATIVE PAPERBACKS

El ala pívot Shawn Marion

Publicado por Creative Education y Creative Paperbacks
P.O. Box 227 Box 227, Mankato, Minnesota 56002
Creative Education y Creative Paperbacks son sellos de
The Creative Company
www.thecreativecompany.us

Dirección artística de Tom Morgan
Producción del libro por Graham Morgan
Editado por Grace Cain

Imágenes de Getty Images/Andy Lyons, 12, Bill Baptist, 5, Fernando Medina, 4, Fort Worth Star-Telegram, 1, Glenn James, 2, Joe Robbins, 3, John Biever, 16, Kevork Djansezian, portada, 7, Sam Hodde, portada, 10, Tim Heitman, 20, Stephen Dunn, 6, 15, Westend61, 9; John F. Rhodes/Dallas Morning News, 19; Newscom/Jose Luis Villegas, 24
Se ha hecho todo lo posible por contactar con los titulares de los derechos de autor del material reproducido en este libro. Cualquier omisión será rectificada en impresiones posteriores si se notifica al editor.

Library of Congress Cataloging-in-Publication Data
Names: Tischler, Joe, author.
Title: Los Dallas Mavericks / by Joe Tischler.
Other titles: Dallas Mavericks. English
Description: Mankato, Minnesota : Creative Education and Creative Paperbacks, [2025] | Series: Creative sports. Campeones de la NBA | Audience: Ages 7-10 years | Audience: Grades 2-3 | Summary: "Elementary-level text translated into North American Spanish and dynamic sports photos highlight the NBA championship win of the Dallas Mavericks, plus sensational players associated with the professional basketball team such as Luka Don i "-- Provided by publisher.
Identifiers: LCCN 2024023411 (print) | LCCN 2024023412 (ebook) | ISBN 9798889898146 (lib. bdg.) | ISBN 9781682778739 (paperback) | ISBN 9798889898344 (ebook)
Subjects: LCSH: Dallas Mavericks (Basketball team)--Juvenile literature. | Basketball--Texas--Dallas--History--Juvenile literature.
Classification: LCC GV885.52.D34 T5718 2025 (print) | LCC GV885.52.D34 (ebook) | DDC 796.332/64097642812--dc23/eng/20240712

Impreso en China

El ala pívot Tim Thomas

El base Brad Davis

ÍNDICE

Hogar de los Mavericks

Dallas (Texas) es una ciudad muy conocida por sus vaqueros. Algunos llevan sombreros de vaquero. Otros llevan cascos de fútbol americano. Dallas también alberga un **estadio** llamado American Airlines Center. Es el hogar de un equipo de baloncesto llamado los Mavericks.

El base Luka Dončić

Los Dallas Mavericks son un equipo de la Asociación Nacional de Baloncesto (NBA). Juegan en la División Suroeste. Forma parte de la Conferencia Oeste. Sus **rivales** son los San Antonio Spurs y los Houston Rockets. Todos los equipos de la NBA quieren ganar las **Finales de la NBA** y proclamarse campeones.

El centro Dwight Powell

Nombrando a los Mavericks

El equipo organizó un concurso para poner nombre al equipo. Los Wranglers, el Express y los Mavericks fueron los finalistas. El propietario del equipo eligió los Mavericks. El apodo "representa el estilo independiente y extravagante de los habitantes de Dallas".

Historia de los Mavericks

Los Mavericks empezaron a jugar en 1980. Sólo ganaron 15 partidos en su primera temporada. Mejorarían. En 1984, tenían 43 victorias. Fue su primera aparición en las eliminatorias. Rolando Blackman y Mark Aguirre fueron las primeras estrellas.

El base Derek Harper repartió **asistencias**. También jugaba muy bien en defensa. Llevó a Dallas a las finales de conferencia en 1988.

Pronto llegaron tiempos difíciles. Los Mavericks se perdieron las eliminatorias 10 temporadas seguidas. En

El escolta Rolando Blackman

El ala pívot Dirk Nowitzki

1992-93, sólo ganaron 11 partidos. La temporada siguiente sólo ganaron 13 partidos. Dirk Nowitzki llegó a Dallas en 1998. Su capacidad anotadora ayudó a los Mavericks a ganar muchos más partidos.

Dallas llegaron a las Finales de la NBA por primera vez en 2006. Perdieron contra el Miami Heat. Nowitzki fue nombrado **Jugador Más Valioso (MVP)** de la NBA la temporada siguiente. ¡Dallas ganó 67 partidos! Pero perdieron en la primera ronda de las eliminatorias. Dallas volvió a las Finales en 2011. De nuevo, se enfrentaron al Heat. Esta vez, ¡ganaron! Fue su primer **título** de la NBA.

Otras estrellas de los Mavericks

El escolta Brad Davis estuvo en el primer equipo de los Mavericks. Jugó en el equipo durante 12 años. El alero Sam Perkins cogía muchos rebotes.

Dallas eligió a Jason Kidd en el segundo puesto del Draft de la NBA de 1994. Fue nombrado Novato del Año de la NBA. Ahora está en el Salón de la Fama. Y es el actual

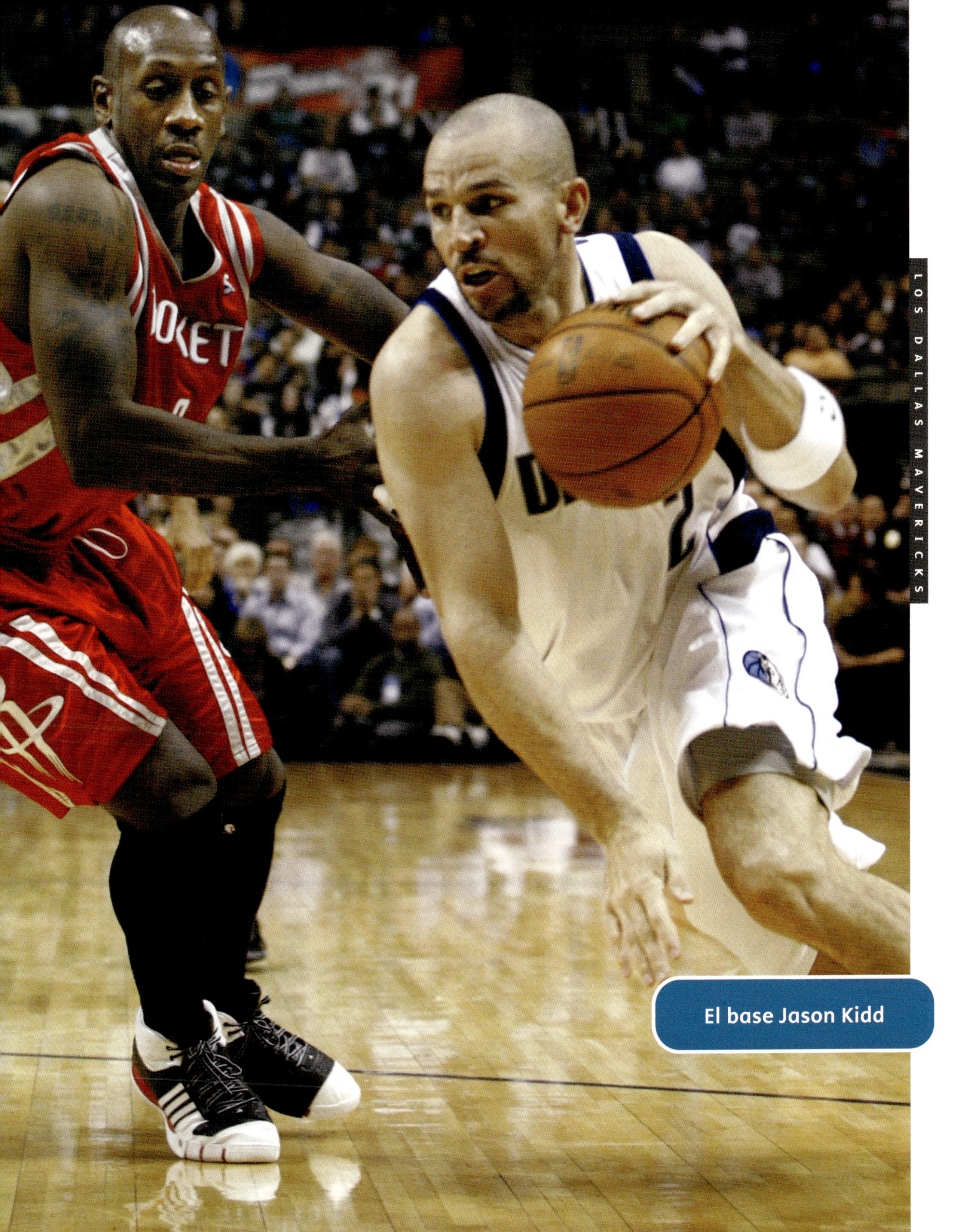

El base Jason Kidd

El escolta Kyrie Irving

entrenador en jefe del equipo. Steve Nash fue otro gran base. Anotaba muchos puntos. Hizo muchas asistencias.

oy, Luka Dončić es una de las grandes estrellas del juego. Promedia más de 30 puntos por partido. Kyrie Irving también es un gran anotador. Ayudaron a Dallas a llegar a las Finales de la NBA en 2024. Los aficionados de los Mavericks esperan que pronto puedan ayudar a traer otro campeonato a Dallas.

CAMPEONES DE LA NBA

Acerca de los Mavericks

Primera temporada: 1980-81

Conferencia/división: Conferencia Oeste, División Suroeste

Colores del equipo: azul y plata

Estadio local: American Airlines Center

CAMPEONATOS DE LA NBA:

2011, 4 partidos a 2 sobre el Miami Heat

PÁGINA WEB DEL EQUIPO:

https://www.mavs.com

Glosario

asistencia—un pase de baloncesto que conduce a una canasta

estadio—un edificio grande con asientos para espectadores, donde se celebran partidos deportivos y eventos de entretenimiento

Finales de la NBA—una serie de partidos entre dos equipos al final de las eliminatorias; el primer equipo que gana cuatro partidos es el campeón

Jugador Más Valioso (MVP)—un honor otorgado al mejor jugador de la temporada

rival—un equipo que juega más duro contra otro equipo

título—otra palabra para campeonato

El centro Shawn Bradley

Índice